ÉPITRE DÉDICATOIRE.

J'ESPERAIS quelque ſuccès de Lucrèce quand je ſollicitai la faveur de vous la dédier. Le ſuccès de Lucrèce avait été au deſſous du médiocre, quand vous avez exigé que j'uſaſſe de votre permiſſion. Ceci fait aſſez connaître le ſentiment qui vous fait hommage de cet ouvrage & celui qui vous porte à l'accepter.

ARNAULT.

A Paris, ce 4 Août 1792.

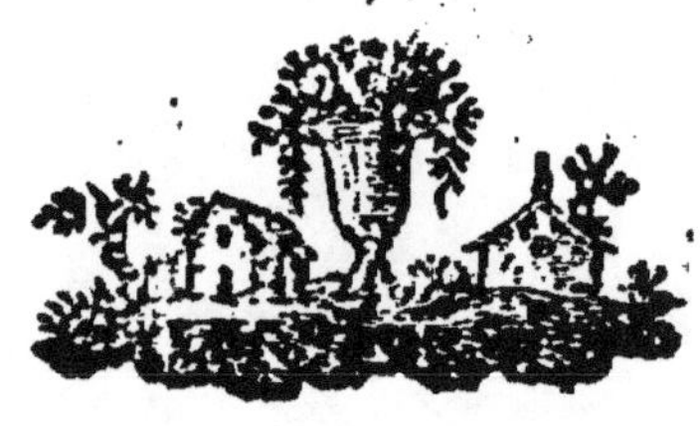

A 2

PERSONNAGES,	ACTEURS.
TARQUIN, le Superbe, Roi de Rome.	*M. Naudet.*
SEXTUS, fils de Tarquin.	*M. St. Fal.*
TARQUIN COLLATIN.	*M. Dupont.*
JUNIUS BRUTUS.	*M. St. Prix.*
SPURIUS LUCRETIUS, père de Lucrèce.	*M. Vanhove.*
ARONS, Conjuré.	*M. Jules Fleury.*
MUTIUS, Conjuré, depuis surnommé SCÆVOLA.	*M. Fleury.*
HORACE, Conjuré, depuis surnommé COCLES.	*M. Duval.*
VALERIUS, Conjuré, depuis surnommé PUBLICOLA.	*M. Marsy.*
ALBIN, Conjuré.	*M. Dunant.*
ICILE, Esclave & Confident de Sextus.	*M. Ernest-Vanhove.*
LUCRÈCE, épouse de Collatin.	*Mlle. Raucourt.*
PEUPLE ROMAIN.	
SOLDATS ROMAINS.	
DÉPUTÉS DES RUTULES.	
CONJURÉS.	
FEMMES DE LUCRÈCE.	

La Scène, au premier Acte, est au Camp d'Ardée ; pendant les quatre suivans à Collatie.

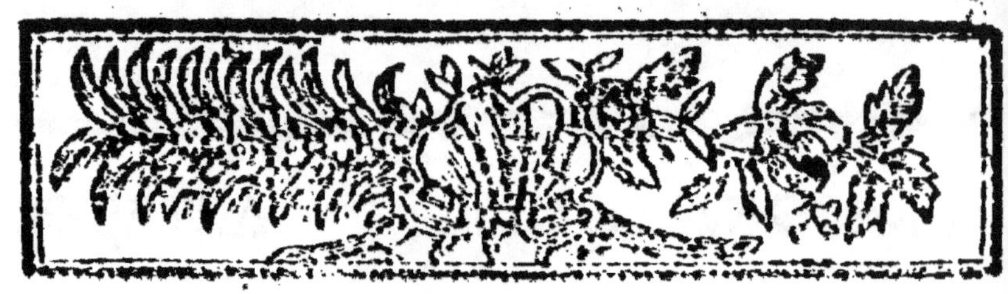

LUCRÈCE,

TRAGÉDIE.

ACTE PREMIER.

Le Théâtre représente le Camp de Tarquin devant Ardée. Sextus, plongé dans une profonde rêverie, sort de sa Tente.

SCENE PREMIERE.

SEXTUS ICILE.

ICILE.

QUEL trouble vous agite, & quels tourmens secrets
Ont banni loin de vous le sommeil & la paix ?

SEXTUS.

Icile, il faut partir.

ICILE.

Quoi, lorsque la victoire
Sous ces murs chancelans va combler votre gloire,
Lorsqu'Ardée est soumise, & que sur ses remparts
Vous allez des Tarquins placer les étendarts !...

SEXTUS.

Icile, il faut me ſuivre.

ICILE.

Eſclave, ami fidèle,
Je ne vous quitte pas. Mais, Sextus, ſi mon zèle,
Si mon attachement éprouvé tant de fois,
Sur vos plus chers ſecrets m'a donné quelques droits,
Que votre cœur ſe fie à ce cœur qui vous aime!
Où portez-vous vos pas?

SEXTUS.

Eh, le ſais-je moi-même!
Ah, ſi dans l'Univers il eſt quelques climats
Où le chagrin rongeur ne nous pourſuive pas,
Où tous les ſentimens qui déchirent mon ame,
Le dépit qui l'aigrit, la fureur qui l'enflamme,
Dans nos cœurs conſolés s'éteignent pour toujours,
C'eſt là qu'eſt le repos, & c'eſt là que je cours.

ICILE.

Ainſi, depuis trois jours, l'ennui qui vous dévore,
Bien loin de ſe calmer, ſemble s'accroître encore.
Voulez-vous plus longtemps cacher?.....

SEXTUS.

L'infortuné
Qu'à d'éternels remords le crime a condamné,
Dans la nuit des cachots, ſous le poids de ſes chaînes,
A quelquefois connu le calme au ſein des peines:
Et moi, ſoit que mes yeux ſe ferment au ſommeil,
Soit que le déſeſpoir avance mon réveil,
Une image ſemblable à l'ombre vengereſſe

S'attache à tous mes pas, & me poursuit sans cesse.
Elle est là; je la vois.....

I C I L E.

O malheureux destin!

S E X T U S.

Sais-tu si nos Soldats ont revu Collatin?
Reparait-il?

I C I L E.

Jamais une plus longue absence
N'a prouvé pour la gloire autant d'indifférence.
Dans ces jours de triomphe; Amant plus que Soldat,
Oubliant & l'honneur & lui-même & l'Etat,
Livré dans son Palais aux soins de sa tendresse,
Dans l'Univers entier il ne voit que Lucrèce.

S E X T U S.

Qui peut s'en étonner! gloire, honneur, est-il rien
D'un prix si haut, si chèr, qui ne le cède au sien!
Heureux époux, bien loin qu'avec toi je l'accuse,
Mon cœur le justifie & mon dépit l'excuse!
Heureux qui par l'amour de son amour payé,
Oubliant l'Univers, en peut-être oublié!

I C I L E.

Que dites-vous!

S E X T U S.

Je sens que ma fureur redouble.

I C I L E.

J'entends du bruit.... On vient.

S E X T U S.

Dissimulons ce trouble:
C'est Tarquin.

ICILE.

Les vaincus ont vers lui député,
C'est ici qu'il leur doit dicter sa volonté.

SCENE II.

LES MÊMES, TARQUIN, *Soldats Romains, Députés de la Ville d'Ardée.*

TARQUIN, *aux Députés.*

AURIEZ-vous prétendu, par tant de résistance,
Savoir jusqu'où Tarquin porterait la clémence;
Et quand vos faibles murs ne sauraient m'arrêter,
Ne pouvant plus combattre, espérez-vous traiter!
C'est trop vous abuser, ou bien mal me connaître,
Tarquin peut pardonner; mais c'est quand il est maître.
Dans tout ce qui résiste il voit ses ennemis.
C'est peu d'être vaincu, si l'on n'est pas soumis.
Allez donc; & qu'Ardée enfin m'ouvre ses portes:
Ou dans trois jours l'aurore aura vu mes cohortes
Montrer en quels malheurs se doit précipiter
Tout Peuple, s'il en est, qui vous ose imiter.
Sur son propre destin qu'Ardée ici prononce,
Cédez ou périssez: c'est ma seule réponse.
Sur les pas de Sextus, que dès demain, Soldats,
On s'apprête à voler à de nouveaux combats.

(Les Députés se retirent. La Garde de Tarquin & Icile occupent le fond du Théâtre.)

SEXTUS, *à part.*

Aux projets de mon cœur quel obstacle funeste!...

TARQUIN.

Vous vous troublez, mon fils !

SEXTUS, *à part.*

Honneur que je déteste !

TARQUIN.

Entre tous les Romains, quand je vous préferais,
J'attendais de la joie, & non pas des regrets.

SEXTUS

A quelque illustre sang que je doive la vie,
Si la splendeur par moi n'en fut pas démentie,
Et si toutes les fois qu'il fallut vous venger,
On a vu mon audace égaler le danger,
Gardez-vous de penser que ma vertu chancelle :
Offrez-moi plus de risque, & j'aurai plus de zèle.
La grandeur du péril fait l'honneur du succès ;
Et la gloire facile a pour moi peu d'attraits.
Pour illustrer mon nom, j'ai fait assez peut-être,
Par d'assez grands exploits si je l'ai fait connaître.
Souffrez que Collatin réclame pour le sien
Un honneur qui ne peut en ajouter au mien.
Qu'à l'éclat de son sang sa gloire enfin réponde :
Quiconque est né Tarquin doit un héros au monde.

TARQUIN.

C'est à vous, chaque jour, par un succès nouveau,
D'ajouter à l'éclat d'un nom déja si beau.
Par trop d'illusion votre ame est abusée :
Moins que vous ne croyez la victoire est aisée.
Depuis trois mois enfin les fiers enfans de Mars
Ont par de vains efforts fatigué ces Remparts :

Paraiſſez & prouvez que du bras d'un ſeul homme
Dépendait la fortune & d'Ardée & de Rome.

SEXTUS.

Eh bien, ſi tant de gloire eſt le prix du vainqueur,
A Collatin, je dois en réſerver l'honneur!
L'ambition par qui mon ame eſt dominée,
A ma ſeule grandeur ne fut jamais bornée:
Un autre ſoin l'occupe; & quelque ſoit mon rang,
C'eſt s'illuſtrer encor que d'illuſtrer ſon ſang.

TARQUIN.

C'eſt avoir pour ce rang beaucoup d'indifférence,
Ou dans l'art de régner bien peu d'expérience;
Que de céder ſa gloire & prétendre qu'un Roi
S'illuſtre dans celui qu'il rend égal à ſoi.
Loin d'emprunter d'autrui ce qu'il donne lui même,
C'eſt de ſon propre éclat que brille un Diadême.
Qui chérit la grandeur ne la partage pas:
Les grands bienfaits, mon fils, ont fait les grands ingrats.
Aux plus affreux revers plus d'un monarque en bûte,
Par trop de confiance a préparé ſa chûte.
L'art de tout conſerver eſt l'art de tout prévoir;
C'eſt le grand art d'un Roi jaloux de ſon pouvoir:
Bien loin d'anéantir la diſtance impoſante
Qui ſépare les Rois de la foule inconſtante;
Il ſe montre élevé ſur les faibles humains,
Autant que l'eſt un Dieu ſur tous les Souverains.
Contemplez Servius; voyez dans quels abîmes
L'avoit jeté l'oubli de ces ſages maximes.
Tous les rangs confondus, tout ordre interverti,

Avec la Royauté l'Etat anéanti :
On l'avait avilie, afin de la détruire.
Il mourut, & j'osai me saisir de l'Empire,
Et monter en Vainqueur sur ce Trône ébranlé,
Sans qu'à le raffermir Rome m'eut appelé.
A ployer en silence elle se vit contraindre :
Peu jaloux d'être aimé, je sus me faire craindre.
Je n'avais pas d'amis; mais j'avais des Soldats....
Devenu tout puissant par d'heureux attentats,
Je fis porter mon joug aux plus superbes têtes,
Cependant j'étendais l'Etat par mes conquêtes :
Mais autant ma rigueur pesait sur le Romain,
Autant pour les vaincus je me montrais humain;
Me ménageant en eux un appui nécessaire,
Si jamais le destin me devenait contraire.
Ainsi ma politique asservait à la fois
Et la grandeur de Rome & la grandeur des Rois :
Et mon règne déjà justifie & seconde
Le sort qui lui promet la conquête du Monde.

SEXTUS.

Que veut Arons ?

SCENE III.

TARQUIN, ARONS, SEXTUS, ICILE *dans le fond.*

ARONS.

Seigneur, il est temps d'arrêter
Les dangereux complots qui sont prêts d'éclater.
Le tumulte est dans Rome : on s'assemble, on conspire

Parmi les Conjurés qui menacent l'Empire,
On a compté, dit-on, jusqu'à ce Junius
Si tristement connu sous le nom de Brutus,
Depuis ce jour fatal où votre ordre sévère
Lui ravit sa raison & son père & son frère.
Tout est prêt ; & bientôt la moindre occasion
Servira de prètexte à la rèbellion.
Ah! daignez écouter votre sujet fidèle!
Rendez-vous à l'avis que lui dicte son zèle;
Quittez ce camp, Seigneur. Laissez à d'autres bras
La conduite du Siége & le soin des combats;
Et, par un prompt retour confondant leurs intrigues
De ces mutins obscurs déconcertez les ligues.
De tout bon citoyen venez calmer l'effroi:
Rendez la paix à Rome en lui rendant son Roi.

TARQUIN.

Je sais quel est Arons ; je connais sa prudence,
Et dans l'art des conseils sa longue expérience;
Mais, malgré son avis, dans ce soulévement
Je ne vois qu'un motif pour m'assurer du camp.
De ces faibles complots il n'est rien que je craigne,
Tant que je régnerai sur ceux par qui l'on régne.
Mon empire est ici : ce sont les seuls soldats
Qui de tout temps ont fait le destin des Etats :
Et leur Chef, quel que soit le nom dont il se nomme,
S'il est Roi de l'armée, est aussi Roi de Rome.
Arons, portez-en l'ordre. Avant la fin du jour
Que l'heureux Collatin soit ici de retour :
Qu'il remplace mon fils ; & que ses mains soient prêtes

A mettre enfin Ardée au rang de mes conquêtes.
(*Arons sort.*)
Vous, cependant à Rome, allez rendre la paix ;
Des factieux, Sextus, éclairez les projets.
Quant à cet insensé que je ne saurais craindre,
A ce Brutus bien moins à redouter qu'à plaindre,
Qu'il vive. On peut de lui tirer la vérité.
Mais poursuivez le reste avec sévérité.
Je remets en vos mains le glaive & la puissance :
Sévissez ; & songez qu'une sage vengeance
Souvent dans le passé réprima l'avenir.
Pour apprendre à régner, apprenez à punir.
(*Il Sort avec sa suite.*)

SCENE IV.

ICILE, SEXTUS.

ICILE.

AINSI le sort vous sert au gré de votre envie,
Seigneur. Allons à Rome.

SEXTUS.

Allons à Collatie.

ICILE.

Quand ailleurs ce devoir vous appelle en ce jour,
Quel intérêt y peut guider vos pas?

SEXTUS.

L'amour.

ICILE.

Eh! depuis quand Sextus a-t-il tant de faiblesse ?

SEXTUS.

Depuis deux ans ; depuis qu'il apperçut Lucrèce.

ICILE.

Lucrèce, que l'hymen unit à Collatin.....

SEXTUS.

Lucrèce, qu' à Sextus devait unir Tarquin.

ICILE.

Que dites-vous !

SEXTUS.

Icile, il n'est plus temps de taire
D'un feu trop concentré le pénible mystère.
Fatigué de l'effort qu'il me coute à cacher,
C'est par pitié pour moi que je veux m'épancher.
Dans Gabie encor libre, aux murs de tes ancêtres,
Loin de Rome & de moi, tu n'avais pas de maître
Quand l'innocent auteur du trouble où tu me vois
Enchanta mes regards pour la première fois.
Ardent, impétueux, d'illusions avide,
Un instinct de plaisir avoit été mon guide:
Et dans la volupté de dégouts consumé,
Je voulais être heureux, & n'avois pas aimé.
Ce charme impérieux qui subjugue les ames,
N'a jamais enfanté de plus rapides flammes
Rendre ce cœur sensible & briser son orgueil,
Fut l'effet d'un moment & celui d'un coup d'œil.
J'osai, dans mon amour espérer que Lucrèce
Ne dédaignerait pas un sceptre & ma tendresse :

Je mis à ses genoux & l'empire & Sextus ;
Et sa réponse, ami, ne fut pas un refus.
Tarquin même à mes vœux n'eût pas été contraire,
Mais pour mon désespoir Lucrèce avait un pére.
Tu ne le connais pas cet altier Spurius,
Ce hardi zélateur des loix de Servius,
Qui, dans l'égarement de son ame hautaine,
Des fils de Romulus voudrait briser la chaîne;
Et parmi les débris de cette royauté,
Sur le trône écroulé fonder la liberté.
Fils des Rois, jusqu'à lui quand j'ai daigné descendre,
A peine le superbe a-t-il daigné m'entendre.
« Renonce à ton espoir, a-t-il dit ; non, mon sang
» Ne s'alliera jamais à celui du Tyran.
» Dans un roi, mon égal, je chérissais un homme;
» Mais Servius est mort, & Tarquin régue à Rome.
» Usurpateur du trône, assassin de mon Roi :
» Qu'il soit puni, Sextus, & ma fille est à toi. »
Juge si j'aime, Icile! Il me tint ce langage,
Et tout son sang n'a pas expié cet outrage.
Bien plus, pour le fléchir je n'ai rien épargné.
Tel dans Rome autrefois Servius a régné;
Tel régnera Sextus : & sa main tutélaire
Fera pour les Romains ce qu'il eût voulu faire.
Rien ne put le fléchir; je conjurais en vain.
C'est alors qu'à Gabie envoyé par Tarquin,
J'osai par mon adresse en tenter la conquête,
Et que le diadême enfin ceignit ma tête.
Tant de gloire eût jadis assuré mon bonheur.

Mais qu'importe la gloire au repos de mon cœur!
Toujours plus amoureux, apprenant que mon père
Aux pieds de ces remparts avait porté la guerre,
J'accours; et, pour ce camp oubliant mes États,
Je vole, en apparence, à de nouveaux combats:
Mais, pressé par l'honneur moins que par ma faiblesse,
J'ai voulu seulement m'approcher de Lucréce.
Mon retour se célébre. Un splendide festin.
Rassemble la jeunesse aux tentes de Tarquin.
On se livre à la joie au milieu des alarmes,
Et la voix du plaisir se mêle au bruit des armes.
Par une double ivresse un convive emporté,
De celle qui le charme exaltant la beauté,
» Est-il, dit Collatin, de beauté qui ne céde
» Au cher & chaste objet que mon amour posséde! »
Il en est, m'écriai-je; & Rome & l'Univers
N'offrent pas de rivale à celle que je sers.
Chacun au premier rang portant celle qu'il aime,
On proposa bientôt d'en juger par soi-même,
Et notre diligence égalant notre amour,
Nous arrivons à Rome avant la fin du jour,
Au milieu des plaisirs, dans la magnificence,
Les femmes oubliaient les ennuis de l'absence;
Et le luxe importun qui chargeait leurs appas
Eblouissait les yeux & ne les charmait pas.
A son inquiétude une seule livrée,
Aux murs de Collatie obscure & retirée,
Consacre ses momens & ses soins les plus doux
Au tissu que ses doigts filent pour un époux.

La

La modeste rougeur dont son front se colore
A nos regards surpris la rend plus belle encore.
Elle se précipite aux bras de Collatin;
Dieux! quel affreux supplice a déchiré mon sein!
Transporté d'une rage égale à ma tendresse,
Dans cette épouse, ami, je reconnais Lucrèce!

ICILE.

Ah! mon maître, calmez ces regrets superflus!
L'amour doit expirer, quand l'espoir ne vit plus...

SEXTUS.

Stupide, anéanti, dans ma surprise extrême,
J'accusai tous mes sens, je doutai de moi-même;
J'avouai ma défaite: & pressant mon retour,
Dans ce Camp assoupi je devançai le jour.
Là, tout ce que l'amour au désespoir inspire
A règné tour-à-tour dans ce cœur qu'il déchire:
L'abattement, la haine, & la crainte & l'espoir,
Le projet de la fuir, le besoin de la voir;
Et dans mon indulgence & dans ma rage extrême,
Vingt fois dans un moment, je m'oppose à moi-même;
Je maudis les ennuis où j'aime à me plonger;
Je crains de l'oublier, & tremble d'y songer:
Ai-je enfin résolu de la fuir, la cruelle!
Soudain je la revois plus touchante & plus belle.
Si je cède au pouvoir qui m'entraîne à ses pieds,
Son crime se retrace à mes sens effrayés.
Et mon ame, de haine & d'amour enflammée,
M'apprend trop que jamais je ne l'ai tant aimée.
Mais c'est trop balancer.... Partons.

ICILE.

Non; demeurez,
Et commandez en homme à vos sens égarés.
Quel projet formez-vous ? quelle est votre espérance ?
Votre amour n'a déja que trop de violence :
Quand pour en triompher vous devez tout tenter,
Pourquoi chercher l'objet qui le doit augmenter ;
Et vous-même, attisant le feu qui vous dévore,
Joindre à de trop grands maux des maux plus grands encore ?
Je lis dans votre cœur ; j'entrevois quel dessein
Vous a fait en ce Camp rappeler Collatin.

SEXTUS.

J'en atteste des Dieux la majesté suprême,
Ce cœur est innocent.

ICILE.

Ah ! doutez de vous-même !
Je sçais jusqu'où Sextus pourrait être emporté.
Dans votre égarement, vous seriez-vous flaté
D'une espérance vaine autant qu'injurieuse ?
Songez que la plus belle est la plus vertueuse ;
Que Lucrèce ! ....

SEXTUS.

J'aurais conservé quelque espoir ?
Il ne m'en reste qu'un, celui de la revoir.

ICILE.

Evitez-la plutôt, quand vous devez tout craindre,
D'un transport qui déjà vous a tout fait enfreindre.
Indifférent sur tout, avez-vous en ce jour

D'autres vœux, d'autres soins que ceux de votre amour;
Et dans ce même instant, à cet amour extrême,
N'immolez-vous pas Rome, & Tarquin & vous-même?
Vous m'avez entendu, Seigneur.... Vous vous troublez,
La raison luirait-elle à vos yeux dessillés?
Qu'en faveur de vous-même un ami vous fléchisse!
Arrêtez-vous à temps au bord du précipice.
L'honneur & le devoir vous en font une loi:
S'y refuser, Sextus, c'est se perdre.

SEXTUS.

Suis-moi.

(Ils sortent.)

Fin du premier Acte.

ACTE II.

Le Théâtre représente le Vestibule du Palais de Collatin

SCENE PREMIERE.

SPURIUS, COLLATIN.

COLLATIN.

CROIRAI-je, Spurius, ce que je viens d'entendre?

SPURIUS.

J'en ai de surs garants & j'aime à vous l'apprendre.
De ses fers, Collatin, le Romain s'est lassé;
Et Tarquin sur son Trône est enfin menacé.
Sénateurs, Plébéiens, qu'un même zèle enflamme,
Ainsi qu'un intérêt, semblent n'avoir qu'une ame.

Mais on ignore encor quel génie, en secret,
Invisible & présent conduit ce grand projet.

COLLATIN.

Ce génie à mes yeux n'est qu'un hardi coupable.

SPURIUS.

Au vengeur des Romains donner un nom semblable!

COLLATIN.

Je n'y vois qu'un rébelle armé contre ses Rois.

SPURIUS.

Je n'y vois que l'appui de l'Etat & des Loix,
Un Romain.

COLLATIN.

Comme lui je suis Romain dans l'ame;
Le public intérêt non moins que lui m'enflamme.
Qu'il pense en factieux, je pense en citoyen;
Et dans un moindre mal ma raison voit un bien.
Prévoit-on, sans effroi, tous les malheurs qu'attire
Ce mouvement subit qui renverse un Empire?
Dans l'arène qu'il ouvre à la dissension,
L'ambition combat contre l'ambition.
L'intérêt, détruisant tout lien légitime,
Sert de mesure au droit comme il en sert au crime.
Par des moyens affreux, on suit d'affreux projets:
Et l'Etat sans pouvoir, sans loix & sans sujets,
Dans les convulsions de la guerre civile,
Pour un Tyran qui tombe, en voit renaître mille.
S'il ne succombe pas, il guérit lentement
De ce mal qui sur tout s'attache également.
Ah, quels que soient les maux qu'ait fait un Roi barbare,

Qu'un prince généreux aisément les répare!
Accablant pour plusieurs, & pour plusieurs léger,
Ce fléau n'est enfin qu'un fléau passager:
Et souvent sous la loi qu'un citoyen abhorre,
Un autre citoyen se croit heureux encore.

SPURIUS.

Qu'importe, Collatin, ce trouble d'un moment,
S'il nous prépare un bien général & constant!
D'autant moins dangereux qu'il nous paraît extrême,
Le désordre a son terme & se détruit lui-même.
L'Etat plus éprouvé qu'affaissé par son poids,
N'en sent que mieux le prix de la paix & des loix.
Qu'elles régnent ces loix que Tarquin veut éteindre;
Qu'il soit enfin puni d'avoir pu les enfreindre:
Qu'avec l'usurpateur Rome exile aujourd'hui,
Quiconque le regrette ou pense comme lui.
Près du malheur public, leur malheur n'est qu'une ombre.
L'intérêt de l'Etat est celui du grand nombre;
Celui du Peuple enfin. Eh, quel bonheur honteux
Peut-on connaître au sein d'un Peuple malheureux?
Ce bonheur, s'il en est au milieu des entraves,
Est fait pour les Tyrans ou fait pour les esclaves.
Le vrai Citoyen porte un cœur compâtissant:
Témoin de l'infortune, il n'en est pas exempt.
Périsse l'insensé qui, sourd à la nature,
De sa voix gémissante étouffe le murmure;
Qui, d'un œil insensible & d'un cœur endurci,
Voit répandre des pleurs sans en répandre aussi;
Qui de toute pitié s'affranchit par prudence,

Et concentre en lui seul son étroite existence !
Etranger aux amis dont il est entouré,
Et parmi les humains des humains séparé,
Au jour du désespoir c'est en vain qu'il réclame
La pitié qui jamais n'a réchauffé son ame;
Et le malheur auquel il ne peut compâtir
Du malheur qui l'attend ne saurait l'avertir.
Ouvrez enfin les yeux sur votre erreur extrême;
Voyez les maux de Rome, & tremblez pour vous-même.

COLLATIN.

Pour moi!

SPURIUS.

Pour vous. Eh quoi, n'appercevez-vous pas
L'abyme par vous-même entr'ouvert sous vos pas !
Quand aux ardens regards d'une avide jeunesse,
Votre imprudence offrait les attraits de Lucrèce,
Puissiez-vous chérement n'avoir pas acheté
Le succès qui plut tant à votre vanité!
Etre heureux sans éclat est l'art de toujours l'être:
On risque son bonheur, quand on le fait connaître.

COLLATIN.

Mon bonheur contre tout n'est-il pas affermi?
Lucrèce est mon épouse, & Sextus mon ami.

SPURIUS.

Plus il est votre ami, plus je vous trouve à plaindre:
Moins que son amitié sa haine était à craindre.
Sachez.... Lucrèce vient. Quels déplaisirs secrets
D'un cœur longtemps si calme ont pu troubler la paix ?

SCÈNE II.

LES MEMES, LUCRÈCE.

COLLATIN.

CHERE épouse, il est temps de rompre le silence;
Ou c'est trop de tendresse ou trop d'indifférence.
Par un doute outrageant c'est offenser ma foi,
Que d'avoir plus longtemps des secrets avec moi.
Parlez, éclaircissez le doute qui m'oppresse;
Laissez-moi lire encor dans le cœur de Lucrèce,
Dans ce cœur généreux, tendre, fièr, ingénu,
Et qui tout à l'amour, est tout à la vertu.

LUCRÈCE.

Un an s'est écoulé depuis que l'hyménée
A la vôtre, Seigneur, unit ma destinée;
Et cette année, au gré d'un mutuel amour,
Dans sa course rapide, a passé comme un jour.
Tant qu'il n'importa pas au règne plus durable
D'un bonheur que longtems je crus inaltérable;
J'avais pensé devoir vous céler un secret
Que ma bouche aujourd'hui vous révèle à regret.
Avant que Spurius eut à votre tendresse
Confié le destin de l'heureuse Lucrèce,
Lucrèce fut aimée; & le fils de Tarquin,
M'avait offert son Trône & demandait ma main;
Mais en vain: ni son rang ni son amour sincère,
Jamais en sa faveur n'ont pu fléchir mon père:
Et lui-même bientôt, docile à son devoir,

Fut au sein des combats porter son désespoir

SPURIUS.

Tandis que des Tarquins il suivait les maximes
Que ses premiers exploits étaient des premiers crimes;
Et que des Gabiens trahissant l'amitié,
D'un indigne esclavage il payait leur pitié,
Mon choix vous préférait au fils du Roi de Rome.
Ce n'était qu'un Monarque, & je voulais un homme.
Le sort de mes vieux ans aurait été trop doux,
Si, non moins bon Romain que généreux époux,
Dans tous les Citoyens chérissant ma famille,
Vous aimiez Rome autant que vous aimez ma fille.

COLLATIN.

Mon cœur également toutes deux les chérit...
(*A Lucrèce.*)
Mais calmez la terreur qui trouble votre esprit.
Lucrèce, quel est donc ce grand sujet de crainte?

LUCRÈCE.

La flamme de Sextus n'est pas encore éteinte;
Si j'en crois ses regards où j'ai vu tout son cœur,
Il ne m'aima jamais avec plus de fureur.
Tandis qu'en sa présence à mes transports en proie,
Sur votre heureux retour je témoignais ma joie,
Avez-vous observé quel sombre abattement,
Succéda tout-à-coup à son étonnement?
Tout entier abymé dans sa douleur farouche,
Ses soupirs mal formés expiraient sur sa bouche:
Et ses yeux égarés, exprimant tour-à-tour
Le dépit, la douleur, la surprise & l'amour,

Un ſigne trop certain m'offraient ſur ſon viſage
Du plus affreux malheur le plus affreux préſage.
J'en ai frémi long temps ; & même entre vos bras
L'effroi qui me pourſuit ne ſe diſſipe pas.
Ah! de votre bonheur ſi votre ame eſt jalouſe,
Et ſi vous chériſſez celui de votre épouſe,
Au nom de votre amour promettez que Sextus
Dans ces lieux, cher époux, ne reparaîtra plus.
Le noir preſſentiment dont mon cœur n'eſt pas maître,
De la bonté du Ciel eſt un avis peut-être.
A ce jour qui nous luit ne fermons pas les yeux:
La terreur quelquefois eſt un bienfait des Dieux.

COLLATIN.

Eſt-ce un bienfait des Dieux que cette crainte vaine
Qu'un inſtant & qu'un mot vont diſſiper ſans peine!
Du ſecret de Sextus par lui-même informé,
Je ſais qu'il aime ailleurs autant qu'il eſt aimé.

LUCRÈCE.

Il ſe pourrait!

COLLATIN.

Sans doute il a trop fait paraître
Un dépit qu'il eût dû diſſimuler peut-être;
Mais il faut pardonner à l'amant irrité
De l'aveu qu'à ſon cœur coutait votre beauté,
Et qui n'a pu vous voir occuper ſans triſteſſe
Le rang où ſon amour élevait ſa maîtreſſe.

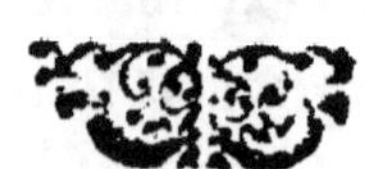

SCENE III.

LES MÊMES, ARONS.

ARONS.

Le Rutule vaincu, pressé de toutes parts,
Réduit au seul abri de ses faibles remparts,
A vu nos fiers Romains appelant les batailles,
D'un cercle plus étroit enceindre ses Murailles.
L'assaut va se donner pour diriger les coups,
Et l'Armée et le Roi n'attendent plus que vous.
Venez. guidez nos pas: par votre diligence,
Justifiez, Seigneur, la publique espérance;
Justifiez Sextus qui vous céde aujourd'hui
Un honneur qui devait n'appartenir qu'à lui.
Oui, c'est son amitié, c'est son généreux zéle,
Qui vous ont obtenu cette gloire immortelle.
Venez: qu'on reconnaisse à vos heureux exploits
Le digne enfant de Rome & le pur sang des Rois.
C'est l'ordre de Tarquin.

COLLATIN

Je lui serai fidèle:
A de pareilles loix est-on jamais rébelle?
Et quelque fut le bras que Tarquin eût choisi,
Sans doute il n'eut pas craint d'être désobéi!
Sextus ne sera pas trompé dans son attente,
Au milieu des combats, son amitié contente;
Me verra soutenir par de nobles efforts,
Et le rang où j'arrive, & le sang dont je sors.
Je marche sur vos pas. Allez.

(*Arons sort.*)

SCÈNE IV.

SPURIUS, LUCRÈCE, COLLATIN.

COLLATIN.

Eh bien, mon pere,
L'amitié de Sextus peut-elle être sincère;
Et de pareils bienfaits de la part d'un ami,
Témoignent-ils qu'il aime & qu'il serve à demi?

SPURIUS.

Sans m'avoir convaincu, ce procédé m'étonne:
Plus il est généreux, & plus je le soupçonne.
Le bien même est suspect, quand il vient des Tyrans;
Et je crains les Tarquins jusques dans leurs présens.

COLLATIN.

C'est aussi se livrer à trop d'inquiétude;
Et ce soupçon chez moi serait ingratitude.
Mon cœur reconnaissant dédaigne de chercher
Quel piége dangereux tant d'honneur peut cacher.
Je ne vois qu'un bienfait; & je me plais à croire
Que le sang des Tarquins a des droits à leur gloire.
Je pense, en l'acceptant, n'avoir rien hazardé;
Et, si j'ai des regrets, c'est d'avoir trop tardé.
Rejoindrez-vous le Camp?

SPURIUS.

Oui, je vous y veux suivre,
Je ne partage pas l'erreur qui vous enivre;
Tant que vous dormirez, je veillerai pour vous.

LUCRÈCE.

Vous partez!

COLLATIN.

Le devoir l'ordonne à votre époux.

LUCRÈCE.

Hélas !

COLLATIN.

Séchez vos pleurs, ô ma chère Lucrèce !
Sa voix n'est pas toujours contraire à la tendresse.
Bientôt me rappelant au séjour du bonheur,
Il fera pour l'amour ce qu'il fait pour l'honneur.

(*Lucrèce sort.*)

SCENE V.

SPURIUS, COLLATIN, BRUTUS, *à la fin de la Scène.*

SPURIUS.

Eh quoi !....

COLLATIN

Justifions la faveur qui me nomme.

SPURIUS.

Quel espoir m'abusait ! O malheureuse Rome,
D'enfans dégénérés, hèlas, qu'attendrais-tu !
La vertu de l'esclave est leur seule vertu.
Oui : le tyran mettrait un terme á sa puissance,
Avant qu'il en trouvât à leur obéissance.
Romains, c'est donc en vain que de la liberté
Vos yeux ont un moment entrevu la clarté.
Servius est tombé. Tarquin règne ; & le Tibre,
Qui s'enorgueillissait de voir un Peuple libre,

En vain je redemande à ce Peuple énervé,
Indigne d'un bonheur qu'il n'a pas conservé.

COLLATIN.

C'est ainsi que votre ame, indépendante, austère,
Nourrit ses noirs chagrins, de maux qu'elle exagère.
Ce Roi que vous pleurez, ce Servius enfin
Vous le regrettiez moins, haïssant moins Tarquin?
Quelque soient les bienfaits que son règne rassemble,
N'est-on grand en effet qu'autant qu'on lui ressemble?
J'avouerai que Tarquin s'égarant quelque fois,
De son Sceptre aux Romains fit trop sentir le poids;
J'avouerai qu'abusé par sa fausse prudence,
Trop souvent la terreur signala sa puissance:
Mais, tout en le blâmant, j'admire quel éclat
Son règne glorieux répand sur cet état.
Invincible en ses camps, en ses murs embellie,
Je vois Rome annoncer des fers à l'Italie.
Gabie est sous nos loix. Entre nos ennemis
En est-il qui ne soit tributaire ou soumis!
Qui nous bravait jadis aujourd'hui nous révère,
Et, lorsqu'enfin la paix a remplacé la guerre;
La féconde industrie occupe tous ces bras
Qui servaient la Patrie au milieu des combats.
Ceux qui la défendaient aujourd'hui l'embellissent;
Du Tibre emprisonné les flots domptés mugissent;
Des Canaux sont creusés, des ponts sont suspendus;
Rome voit s'élever ses murs plus étendus:
Et, des vains monumens dédaignant l'art frivole,
Sur sa Roche imprénable asseoit le Capitole.

Mais que veulent de moi ces ombres qui s'embraſſent ;
Et de leurs bras ſanglans toutes deux m'entrelacent ?
Dans mon ſein tout-à-coup mon ſang s'eſt arrêté,
Et de joie & d'horreur mon cœur a palpité.
Ah ! je vous reconnais, ombre auguſte ! ombre chère !
O mon père, eſt-ce vous ! eſt-ce vous, ô mon frére !
A l'amour de Brutus ſi promptement ravis,
Vous, que s'il eût vengés il eût déjà ſuivis !
Tous deux chériſſant Rome & tous deux aimés d'elle,
L'un en était l'eſpoir & l'autre le modèle.
Quelle main de vos jours précipita la fin ?
Qui vous dois-je immoler ?.... Ils ont nommé Tarquin.

SPURIUS.

Ces forfaits ſont les ſiens. Un Tigre, une furie,
Cinq luſtres ont en paix dévoré la Patrie.
Enrichi de ſes biens, de ſon ſang enivré,
Aux fureurs de Tarquin fut-il rien de ſacré !
Il vit pourtant ; il règne : & Rome, qu'il opprime,
Semble, pour le punir, attendre encore un crime,
Loin de l'attendre, oſons venger & prévenir,
Et nos malheurs paſſés & nos maux à venir.
L'enfer nous le commande, & le Ciel nous ſeconde.
La cauſe des Romains eſt la cauſe du Monde.
Oſons déterminer tous ces eſprits flotans ;
Donnons l'exemple à Rome.

BRUTUS.

(*Après avoir obſervé Collatin*)

Il n'eſt pas encor temps.

(*Fin du Second Acte.*)

ACTE III.

Le Théâtre représente l'intérieur de l'Appartement de Lucrèce. Ses femmes dans le fond de la Scène, à droite, sont occupées à des ouvrages de laine.

SCENE PREMIERE.

LUCRÈCE.

AINSI Sextus est libre.... Il est l[illegible]e.... Et son âme
Pour un nouvel objet & m'oublie & s'enflame.
Mais lorsque sur son cœur je ne prétends plus rien,
Quel trouble inattendu s'élève dans le mien!
Quelle erreur, quel délire étrange, inconcevable,
A mes yeux, malgré moi, le fait voir en coupable,
Et quand il accomplit ce que j'ai souhaité,
Lui reproche en secret son infidélité?
Inutiles soucis.... Depuis que l'hyménée
Par les nœuds les plus saints fixa ma destinée,
Ai-je formé jamais le plus léger espoir
Qui put blesser mes vœux & trahir mon devoir?
Non, non; c'est envers moi me montrer trop sévère;
C'est trop m'épouvanter d'une vaine chimère,
D'un esprit inquiet l'ouvrage & le tourment,
Que ma raison, plus sage, apprécie & dément.
Ma vertu me rassure & je me rends justice;
Des écarts de l'esprit le cœur n'est pas complice.

Fuyez, vaines terreurs, Phantômes de la nuit,
Qu'à ſon premier rayon le jour naiſſant détruit.
(*A ſes femmes.*)
Compagnes de Lucrèce, achevez votre ouvrage,
Tandis que mon époux ſignale ſon courage,
Hâtez-vous d'embellir, au gré de mon amour,
Le tiſſu dont je veux le parer au retour.
L'effroi ſaiſit mon cœur & tout mon ſang ſe glace,
Quand je ſonge aux périls qu'affronte ſon audace;
Quand je le vois, terrible au milieu des ſoldats,
Semblable en tout au Dieu qui préſide aux combats,
Je m'abandonne alors à ma douleur ſtérile;
L'épouſe d'un héros ne dort jamais tranquille.

SCÈNE II.

LUCRECE, SEXTUS, ICILE, FEMMES.

SEXTUS.

Tu la vois.... Qu'elle eſt belle! Ah! deviez-vous jamais
A tant de perfidie allier tant d'attraits.
Dieux cruels!

ICILE.

Quel tranſport s'empare de votre âme!

LUCRÈCE.

Que vois-je? ô ciel! Sextus....

SEXTUS.

Raſſurez-vous, Madame.

LUCRÈCE.

Lorſque Rome & l'honneur demandent votre bras,

Quel motif en ces lieux a pu guider vos pas ?

SEXTUS.

Un ordre de Tarquin.... Si vous daignez m'entendre,
Ordonnez qu'on s'éloigne & vous allez l'apprendre.

(Icile & les Femmes de Lucrèce se retirent dans le Vestibule dont la porte reste ouverte. Icile sort au signe que lui fait Sextus.

SCENE III.

LUCRECE, SEXTUS.

LUCRÈCE.

AH ! souffrez, avant tout, lorsque je vous revois,
Que j'acquitte envers vous tout ce que je vous dois.
Ce haut rang dans lequel mon époux vous succède,
Cet honneur éclatant que l'amitié lui cède ;
Ces bienfaits... Mais, Seigneur, quel effrayant courroux ;
Dans vos yeux égarés....

SEXTUS.

Vous en offensez-vous ?
Plus justement peut-être un cœur trompé murmure
D'un calme, qui sied mal au front d'une parjure.

LUCRÈCE.

Qui, moi, parjure !

SEXTUS.

Vous. Ce cœur qui me trahit,
Mille fois avant moi ne vous l'a-t-il pas dit ?
Tout ce qui s'offre à vous, tout ce qui vous approche ;
Ne vous en fait-il pas un éternel reproche ?

Qu'étiez-vous? qu'êtes-vous?

LUCRÈCE.

Seigneur, je vous entens.
Je commence à percer ces secrets importans,
Qui de tous les témoins redoutant la présence,
Ne s'expliquaient que trop malgré votre silence;
Mais, je ne devais pas les pénétrer d'abord;
Mon cœur est sans soupçons comme il est sans remord.

SEXTUS.

Pour vous justifier que pourrez-vous me dire?

LUCRÈCE.

Je ne dirai qu'un mot & ce mot doit suffire.
Je suis Romaine.

SEXTUS.

Eh bien?

LUCRÈCE.

Ignorez-vous quels droits
Sur ses enfants, un père a reçu de nos loix?
De nos Rois le plus grand, puis qu'il est le plus sage,
Numa, pour consommer son immortel ouvrage;
Pour assurer aux loix un empire éternel,
Appuya leur pouvoir du pouvoir paternel.
Telle est l'autorité, redoutable, suprême,
Qui, plus forte que moi, disposa de moi-même.
Quels que fussent mes vœux, Seigneur, j'ai dû céder
Aux désirs de celui qui pouvait commander.
Rejetter un hymen qu'il désirait conclure,
C'était avec les loix offenser la nature.

SEXTUS.

La nature, est-ce vous qui l'osez réclamer?
N'avez-vous pas perdu le droit de la nommer;
Quand aux Autels des Dieux, sans remord & sans crainte,
Vous avez de ses loix violé la plus sainte;
Et parjure à vous même, abrogé, sans retour,
Des droits d'autant plus chers qu'ils naissent de l'amour.
Je sais tout ce qu'on doit au sacré caractère,
Qu'un préjugé sublime attache au front d'un père.
De nos Dieux, comme un père est l'image à nos yeux,
Je veux qu'on le révère à l'égal de nos Dieux:
Qu'on rende avec usure à sa faible existence,
Les soins qu'il prodiguait à notre faible enfance.
Mais à ce culte seul je borne mon devoir.
Je ne reconnais pas cet étrange pouvoir
Qui d'un père absolu consacrant le caprice,
De tous mes sentimens prescrit le sacrifice;
Et, de mon propre cœur faisant taire la voix,
M'ordonne de haïr, ou d'aimer à son choix.
L'amour ne s'astreint pas à tant d'obéissance.
On connait de Tarquin l'orgueil & la puissance,
Eh bien, j'atteste ici la majesté des Dieux,
Et ce feu dévorant que j'ai pris dans vos yeux,
Qu'il eut de son pouvoir écrasé ma faiblesse,
Sans m'avoir pû contraindre à trahir ma tendresse,
Qu'il m'eût arraché tout, rang, fortune, grandeur,
Avant que d'arracher un parjure à mon cœur.

LUCRÈCE.

Je suis juste, Sextus. Et, bien loin que je blâme,

Le nouveau ſentiment qui règne dans votre âme,
J'ai dû, me dégageant, dégager votre foi,
Et je vous applaudis d'en uſer comme moi.
Aimez, ſoyez aimé; dans des nœuds que j'aprouve,
Puiſſiez-vous rencontrer le bonheur que j'éprouve!

SEXTUS.

De quel affreux bonheur, de quels nœuds parlez-vous?

LUCRÈCE.

Cet aveu qui par vous fut fait à mon époux,
Cette beauté pour qui....

SEXTUS.

Je vous comprens, cruelle;
Il était doux pour vous de me croire infidèle.
Imiter votre crime eut été l'excuſer.
Mais il eſt doux pour moi de vous déſabuſer:
Fait pour juſtifier mon déſeſpoir extrême,
Cet aveu n'eut jamais d'autre objet que vous même.

LUCRÈCE.

Quoi! vous aimez toujours....

SEXTUS.

Toujours avec transport,
Celle qui d'un ſeul mot peut décider mon ſort.

LUCRÈCE, *à part.*

Mon cœur ſemble avec lui d'accord pour me confondre,
Dans quel trouble il me jette & comment lui répondre!
Quel ſupplice!

SEXTUS.

Lucrèce, eh quoi, vous frémiſſez?
Vous-vous taiſez...

LUCRÈCE.

Sextus, c'est vous apprendre assez
Qu'il vous faut désormais condamner au silence,
Ce malheureux amour dont mon devoir s'offense.
Dans ces lieux plus longtemps cessez de m'arrêter,
Je deviendrais coupable á vous plus écouter.

SEXTUS.

Oui, vous l'êtes, perfide! oui, vous êtes coupable,
D'un forfait aussi grand qu'il est irréparable.
Mais tout affreux qu'il soit, il peut-être oublié.
Prononcez un seul mot & tout est expié
M'aimez-vous?

LUCRÈCE.

Est ce á moi que ce discours s'adresse?

SEXTUS.

Connaissez-vous Sextus?

LUCRÈCE.

Connaissez-vous Lucrèce?

SEXTUS.

Sachez que ce silence ordonne mon trépas.

LUCRÈCE.

Sachez qu'à cet aveu je ne survivrais pas.

SEXTUS.

Il m'aurait consolé des peines de la vie.

LUCRÈCE.

Il couvrirait mes jours de honte & d'infamie.

SEXTUS.

Mourons....

LUCRÈCE.

Sextus!

SEXTUS.

Cesse à vos efforts superflus.

Ou parlez.

LUCRÈCE.

O tourment !.... mais j'apperçois Brutus ;
L'ami de mon époux. Ah ! je sens qu'à sa vue,
Ma vertu toute entière à mon âme est rendue.

SCENE IV.

LES PRÉCÉDENTS, BRUTUS.

LUCRECE.

APPROCHE, ami fidèle.

SEXTUS.

En croirai-je mes yeux ?
Brutus, cet insensé, ce traitre dans ces lieux !

LUCRÈCE.

Exemple infortuné des misères humaines,
L'amitié quelque fois y consola ses peines.

BRUTUS.

Oui, souvent vous rendez à ce cœur abattu,
Le calme que possède & donne la vertu.

SEXTUS.

Sur un point important satisfais mon envie.
Si malgré tes malheurs tu peux chérir la vie....

BRUTUS.

Pour les infortunés la vie est un tourment,
Toujours insupportable & toujours renaissant.

Si ce jour, d'une année, où l'ennui me dévore
N'est que le précurseur d'un jour plus lent encore;
Après avoir souffert s'il faut encor souffrir,
Le seul vœu qui me reste est le vœu de mourir.
Mais, lorsque dans un cœur contraint à la constance,
L'abattement n'a pas desséché l'espérance;
Lorsque la volonté, souveraine du sort,
Pour ses hardis projets craint l'écueil de la mort.
Alors, malgré les maux dont elle est poursuivie,
Par effort de courage, on aime encor la vie.

SEXTUS.

Tu la chérirais?

BRUTUS.

Oui.

SEXTUS.

Approche.... Éclaircis-moi
Un bruit, qui dans le Camp a passé jusqu'au Roi;
Atteste que, des tiens embrassant la vengeance,
De coupables complots tu connais l'existence.
Que m'apprend ce rapport, Brutus?

BRUTUS.

La vérité.

SEXTUS.

On pourrait faire grace à ta témérité.
Si tu veux te soustraire aux plus affreux suplices,
A l'instant même, il faut me nommer tes complices.

BRUTUS.

Je le veux.

SEXTUS.

Parle donc.

BRUTUS.

Ce sont tous les Romains.

SEXTUS.

Et leurs instigateurs, quels sont ils?

BRUTUS.

Les Tarquins.

SEXTUS.

Insensé?

BRUTUS.

Des fardeaux que sur lui l'on entasse,
Si le Peuple Romain & s'indigne & se lasse;
S'agitant dans les fers dont on veut l'écraser,
S'il consulte sa force & cherche à les briser:
Tarquin seul l'a voulu. La douleur qui l'obsède
Contraint l'être souffrant à courir au remède.
Plus il sent dans son sein les tourmens augmenter,
Plus, pour s'en affranchir, il est prêt à tenter.
Ainsi le désespoir nous rend notre courage.
Ainsi la Liberté renaît de l'esclavage.
Tous les fléaux unis, la perte de nos biens,
L'exil ou le trépas des meilleurs citoyens,
Cinq lustres d'attentats, de meurtres, de rapines,
Malgré la paix dans Rome entassant les ruines;
Voilà ce dont frémit tout cœur vraiment Romain
Et c'est Tarquin lui seul qui détrône Tarquin.

SEXTUS.

D'aujourd'hui seulement je conçois ta démence.
Mais frémis, que sur toi cet excès d'insolence
Ne provoque d'un Roi l'inévitable bras.

BRUTUS.

Ta générosité ne me trahira pas.
Je me confie á toi.

SEXTUS.

Peux-tu me méconnaître ?

BRUTUS.

Et qu'importe à Brutus quel homme tu peux être!
Es-tu Romain, c'est tout ce que je veux savoir,
Et c'est t'apprendre assez quel en est le devoir?

SEXTUS.

Qui? moi, me rallier à des sujets rebelles!

BRUTUS.

S'ils le sont aux Tarquins, à Rome ils sont fidéles.

SEXTUS.

Sais-tu que tôt ou tard, des mutins sont soumis.

BRUTUS.

Sais-tu que, tôt ou tard, des Tyrans sont punis.

SEXTUS.

Brutus & ses pareils pourraient l'apprendre au Tibre...

BRUTUS.

Ou montrer ce qu'on peut quand on veut être libre.

SEXTUS.

Avec ce vain désir que crois-tu pouvoir ?

BRUTUS.

Tout.

SEXTUS.

Ah! je sens qu'à la fin ma fureur est à bout.
Ouvre les yeux & crains d'irriter davantage
Le fils de ce Tarquin que ton délire outrage.
Je suis Sextus.

BRUTUS.

Sextus! je m'en étais douté.
Je te crois fils d'un Roi, tu crains la vérité.
(*Il sort.*)

SEXTUS.

Crains la mort.

LUCRÈCE.

Arrêtez, Sextus!.. En ma présence,
Pouvez-vous-vous livrer à tant de violence!
N'avez-vous pas pitié de son égarement?
(*Elle sort.*)

SCENE V.

SEXTUS, *seul.*

ELLE me fuit, & moi, dans mon étonnement,
A ses yeux, j'ai tremblé de punir le perfide.
A ses yeux c'est aussi me montrer trop timide;
Et quand une infidelle ose tant demander,
L'amant qu'elle a trahi doit-il tant accorder?
Ainsi, tous les tourmens se disputent mon âme
Que sa fureur non-moins que son amour enflâme.
Outragé dans mes feux, dans ma gloire outragé,
Ni le fils ni l'amant ne peut être vengé.
Il commenence à faire nuit.
Et qu'importe Brutus & tout ce que peut dire
Un furieux qu'égare un éternel délire!
D'un écart de raison plus long-tems s'offenser,
Ce serait l'imiter moins que le surpasser.
Plus que mon père enfin lui serai-je sévère?

Je lui dois ma pitié bien plus que ma colére :
Qu'il vive; & que mon cœur ne peut-il en ce jour,
Comme de la fureur triompher de l'amour.

SCENE VI.

SEXTUS, ICILE, *la nuit commence à tomber.*

ICILE.

SEIGNEUR, le jour pâlit. bientôt la nuit plus sombre.
Sur Rome & sur ses murs va déployer son ombre;
Et l'heure est expirée où d'éternels adieux
Vous devaient sans retour arracher de ces lieux.

SEXTUS.

Laisse-moi.

ICILE.

Pardonnez à l'excès de mon zèle;
Mais un grand intérêt à Rome vous appelle.

SEXTUS.

Un plus grand intérêt enchaîne ici mes pas.

ICILE.

Aux ordres de Tarquin n'obéirez-vous pas.

SEXTUS.

Differer d'un moment serait-ce être coupable?

ICILE.

La perte d'un moment peut être irréparable.

SEXTUS.

Je reverrai l'ingrate....

ICILE.

Ah! si je vous en crois,
Vous venez de la voir pour la dernière fois.

SEXTUS.

Ai-je une volonté dans ce désordre extrême
D'un cœur incessamment en guerre avec lui-même?
Faible jouet, au gré du sort qui le poursuit,
D'une erreur qu'à l'instant une autre erreur détruit.
Hélas! loin d'ajouter au tourment qui m'accable,
Cher ami, prends pitié de ce cœur misérable,
De ce cœur qu'à ce point l'amour a pu changer,
Qu'impunément Brutus ait osé l'outrager.
Envain pour m'arracher à ce séjour funeste
Ma raison veut user du pouvoir qui lui reste;
J'y résiste, non pas sans un secret effroi...
Eh bien, fidéle Icile, approche; entraine-moi,
J'y consens, je le veux.

ICILE.

Oui, Seigneur, & j'admire
De l'austère raison quel est sur vous l'empire.
Partons.

SEXTUS.

Qui, moi? briser un aussi cher lien!

ICILE.

Hésiteriez-vous?

SEXTUS.

Non.

ICILE.

Que résolvez-vous?

SEXTUS.

Rien.

ICILE.

Je vous suis.

SEXTUS.

Reste. (*Il sort*)

SCÈNE VII.

ICILE, *seul.*

HELAS! le désespoir l'égare.
Quel délire effrayant de son esprit s'empare?

SCÈNE VIII.

LUCRÈCE, ICILE.

ICILE, *aux genoux de Lucrèce*

ECOUTEZ-moi, Madame, & souffrez sans courroux,
Qu'un serviteur fidèle embrasse vos genoux,
Qu'un esclave à vos pieds implore pour son maître
L'intérêt qu'il a droit de prétendre peut-être.
Infortuné Sextus! son cœur désespéré
De rage, de douleur & d'amour dévoré,
Adorant tout ensemble & détestant vos charmes,
Au plus froid des mortels arracherait des larmes.
Prévenez les excès auxquels pourrait monter
Ce cœur qu'amour égare & qu'il peut seul dompter.
Dans ses emportemens il fut toujours extrême,
Et je crains moins encor pour lui que pour vous même.
A l'honneur c'est assez qu'il soit sacrifié.
Si l'austère vertu n'exclut pas la pitié;
Rendez-vous à sa voix par ma voix implorée.
Rassurez l'amitié devant vous éplorée.
Madame, par l'amour qui l'en a détourné,
A la raison Sextus peut être ramené.

Eclairez cet esprit dont il vous rend maitresse ;
Et que le sentiment inspiré par Lucrèce,
S'il ne peut s'affaiblir dans ce cœur combattu,
S'y montre digne d'elle & se change en vertu.

LUCRÈCE.

Lève-toi. Je t'approuve. Esclave, un si beau zèle
Est moins d'un serviteur que d'un ami fidèle.
Je veux tout employer, au gré de tes souhaits,
Pour adoucir des maux qu'innocemment j'ai faits.
Je reverrai Sextus. Cet effort peu vulgaire,
Sans doute, à bien des yeux paraîtrait téméraire ;
Mais, ferme en son devoir, un cœur comme le mien,
Quoiqu'il ose beaucoup sçait ne hazarder rien.
Dans une heure en ce lieu ton maitre peut se rendre :
Pour la dernière fois je consens à l'entendre.
Lucrèce à ses regards va s'offrir sans détours,
Le rendre à la raison, ou le fuir pour toujours.

Fin du troisième Acte.

ACTE

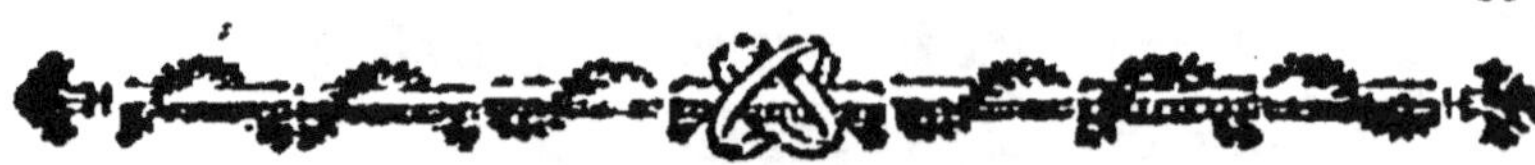

ACTE IV.

SCENE PREMIERE.

BRUTUS, *seul.*

Tout est sçu. C'est en vain qu'une feinte démence,
En cachant mes desseins, assurait ma vengeance.
Ce bonheur n'a t'il lui, que pour s'évanouir
A l'heure, à l'instant même où j'en croyais jouir!
Les timides Romains craignent plus qu'ils n'espèrent:
Les Tarquins ont agi tandis qu'ils délibèrent.
Peuple faible..... En effet le ciel t'a dû former
Pour servir, comme il fit Tarquin pour opprimer.
Ah! qu'il serve.... Ou plutôt, dans ce péril extrême,
Forçons-le d'être libre en dépit de lui-même;
Frappons les derniers coups, & plaçons les Romains,
Entre une perte sûre & des succès certains.
O murs du Capitole, ô Cité que j'adore!
Esclave jusqu'ici, tu n'es pas Rome encore:
Que ton sort s'accomplisse. A mon aspect je veux
Entendre répéter à tes enfans heureux:
Quand Brutus sommeillait, aux jours de l'esclavage,
Tous étaient en délire, & lui seul était sage.
Que son nom des Tyrans à jamais redouté
Soit immortel ainsi que notre Liberté.
De cette même main qui gagnait les Batailles,

Le divin Romulus éleva nos murailles :
Numa, plus grand que lui, par de ſages liens,
Réunit des Guerriers changés en Citoyens:
Ce qu'ils ont préparé, Brutus ſeul le conſomme;
Brutus, qui la rend libre, a lui ſeul fondé Rome.
(*Sextus parait.*)
Sextus !... Diſſimulons.

SCENE II.

SEXTUS, BRUTUS.

SEXTUS.

D'UN œil ſombre, incertain,
Brutus me conſidère.

BRUTUS.

Eſt-ce toi Collatin?
Ecoute.

SEXTUS.

L'inſenſé me méconnait encore !

BRUTUS.

Quel chagrin te pourſuit? quel ennui te dévore?
Loin du Camp, Collatin, avant le point du jour;
Quel motif, en ces lieux, a preſſé ton retour?
Tu frémis .. Tu frémis... Par un ſanglant outrage,
Le Tiran aurait-il offenſé ton courage ?
Tu l'as bien mérité, toi qui l'as défendu;
Toi, dont le ſang pour lui, mille fois répandu....
Fais du cœur des Tarquins une plus ſage étude;
Leur plaiſir le plus doux eſt dans l'ingratitude.

SEXTUS.

Tu te trompes, Brutus; & dans peu tu sauras
Si pour être des Rois les Tarquins sont ingrats.

BRUTUS.

S'ils ne l'étaient, leur perte eut elle été jurée?

SEXTUS.

S'ils l'étaient, ta ruine eut été différée.

BRUTUS.

On peut les prévenir. Ose-te joindre à nous;
Aux coups, qu'on va frapper, ose joindre tes coups.
Demain, tombe le joug qu'ils imposaient au Tibre,
Demain, leur règne expire & demain Rome est libre.

SEXTUS.

Pour détrôner Tarquin suffit-il de vouloir;
Ébranler ce Colosse est-il en ton pouvoir;
Du faîte des grandeurs, sa fortune constante
Se rit des vains efforts de ta haine impuissante.
La splendeur de l'état & sa stabilité
N'ont qu'une même bâse avec la Royauté.
Aux premiers mouvements, vois-tu Rome allarmée,
Vois tu les Sénateurs, la Noblesse, l'armée;
Ralliés par la gloire & par leurs intérêts,
D'un souffle & d'un coup d'œil renverser tes projets.
A tant d'efforts unis qu'opposes tu ?

BRUTUS.

La haine
Qui fermente en secret dans toute ame Romaine;
Qu'un quart de siècle a vu chaque jour s'augmenter,
Qui n'attend que de moi le signal d'éclater:

Des noms, par des forfaits horriblement illustres,
Un règne, ou pour mieux dire, un crime de cinq lustres,
Qui de chaque famille ayant frappé l'appui,
Y dût laisser aussi l'horreur qu'on a pour lui;
Ceux qu'à trembler pour soi les maux d'un autre enseignent,
Ceux qui n'ont jamais craint & même ceux qui craignent,
Celui qui pourrait perdre & celui qui perdit;
Faible, fort, opulent, indigent, grand, petit,
Sénat, peuple, guerriers, appuis, enfans de Rome;
Brutus, s'il est sensé; Collatin, s'il est homme.
Mais de ce grand projet, les moyens éclaircis,
Détermineraient ils ton courage indécis?
Es-tu bien mon ami? puis-je, avec confiance,
Déposer dans ton sein ce secret de vengeance?

SEXTUS.

Parle?

BRUTUS.

Le jour est pris. L'instant est désigné,
Tout est prêt; tout éclate & Tarquin a régné.
De nos fiers Citoyens les bouillantes cohortes,
Ces vrais remparts de Rome en garderont les portes.
Aux passages des ponts les uns seront placés;
D'autres le long du Tibre, avec art dispersés,
D'autres au Capitole; & ce roc, qui nous brave,
Ces murs, sous un Tiran, l'effroi de Rome esclave,
De notre Liberté le Temple & les garants,
Deviendront désormais l'effroi de nos Tirans....
Dans tes yeux égarés d'où nait cette surprise?

Est-ce admiration d'une telle entreprise ?
Est-ce doute ? est-ce crainte ?... Un Romain se troubler !
Ah ! c'est au seul Tarquin désormais à trembler ?
Douterait-il du sort que le ciel lui destine,
S'il savait quels mortels ont juré sa ruine ?
Connais tous ces Héros. Connais leurs noms.

(*Il donne une liste à Sextus.*)

SEXTUS, *lit.*

Brutus !...
Brutus & ses deux fils ! Tibérinus, Titus !....

BRUTUS.

Que l'horreur des Tirans avec moi les confonde !
Je leur donnai l'exemple ; ils le donnent au monde.

SEXTUS.

Horace, Mutius, Valerius, Albin.....

BRUTUS.

Un nom manque à ces noms. M'entens-tu, Collatin ?
Conserve-les ; &, soit que contraire, ou propice,
La faveur du destin nous serve ou nous trahisse,
Ou vainqueurs, ou vaincus, timide Citoyen,
Rougis, parmi ces noms de ne pas voir le tien.

(*Il sort.*)

SCÈNE III.

SEXTUS, *à lui-même.*

L'ÉTONNEMENT, l'horreur, le mépris qu'il inspire,
Peuvent seuls égaler l'excès de ce délire.

De ce lâche complot, la fortune & les Dieux
Ont enfin découvert le mystère à mes yeux;
Et dans l'affreux désordre où mon âme est plongée,
De mon propre intérêt leur bonté s'est chargée.
Ils ont fait mon devoir. Amour, cruel poison,
A quel point de Sextus troubles-tu la raison?
Quand Brutus me parlait, quelle exécrable idée,
Malgré moi, renaissait dans mon ame obsédée?
Lucrèce!.... A cette horreur, moi, je consentirais!
Du sein de tes foyers, moi, je t'atracherais!....
Outrageant tous les droits.... O désespoir, ô rage...
O trop juste transport d'un amour qu'on outrage!
Cher & coupable espoir, oui, tu seras rempli,
Et déja, dans mon cœur, le crime est accompli.
Le crime, qu'ai-je dit? & quelle erreur m'égare?
Quoi, déja le remord de mon ame s'empare!
Un crime.... En serait-ce un que de reconquérir
Un bien, qui de tout tems, me dût appartenir?
Ma raison, trop timide, & m'aveugle & m'abuse;
Dans mon crime, après tout, mon crime a son excuse.
L'amour qui les causa doit finir nos malheurs;
Et le Trône est d'un prix à payer bien des pleurs.

SCENE IV.

SEXTUS, ICILE.

SEXTUS.

Est-ce toi que j'entends, ami fidèle? approche.
Désormais à ton maître, épargne le reproche.

Connais ce que Brutus tramait contre ſon Roi.
Le ſecret du complot n'en eſt plus un pour moi.

ICILE.

De tant d'atrocité ſe peut-il qu'il convienne ?
Quelle main vous livra cette liſte?

SEXTUS.

La ſienne.

ICILE.

Que tardez vous, Seigneur ? ſes yeux peuvent s'ouvrir
Sur l'important ſecret qu'il vient de découvrir.
M'en croirez-vous? muni de ces puiſſants indices;
Par un prompt châtiment ſurprenez ſes complices.

SEXTUS.

Peut-on nous écouter? des regards indiſcrets....

ICILE.

Lucrèce retirée au fond de ſon Palais......

SEXTUS.

La nuit peut-elle, ami, d'un voile encor plus ſombre,
Favoriſer nos pas égarés dans ſon ombre?

ICILE.

Partons. Jamais la nuit par plus d'obſcurité,
N'invita le coupable à la ſécurité.

SEXTUS.

Le coupable!

ICILE.

Accablons les Conjurés.

SEXTUS.

Écoute.

Sur ta fidélité je n'eus jamais de doute.

ICILE.

C'eſt m'en récompenſer.

SEXTUS.

Je compte ſur ta foi.

ICILE.

Ce diſcours, ces regards, tout me glace d'effroi.

SEXTUS.

C'eſt trop combattre un feu que je ne puis éteindre,
Un amour que j'irrite en voulant le contraindre.
Ami, c'eſt trop ſouffrir, le ſort en eſt jetté;
C'en eſt fait, j'obéis à la néceſſité.
Marchons.

ICILE.

Où vous conduit le trouble qui vous preſſe ?

SEXTUS.

De ces lieux....

ICILE.

Achevez....

SEXTUS.

Arrachons....

ICILE.

Qui ?

SEXTUS.

Lucrèce.

ICILE.

Lucrèce ! que ce bras ſe deſſeche, Seigneur,
Avant qu'il contribue à cet excès d'horreur,
Non ? jamais votre amour n'a réſolu ce crime.

SEXTUS.

Tout eſt juſtifié par l'amour qui m'anime.

ICILE.

Aux dépens de l'eſtime il n'eſt pas de bonheur.

SEXTUS.

Monter au rang des Rois, serait-ce un déshonneur?

ICILE.

Par un forfait? sans-doute.

SEXTUS.

Icile!....

ICILE.

L'infamie
S'accroit de tout l'éclat dont la faute est suivie.

SEXTUS.

De tant d'austérité je puis être offensé.

ICILE.

J'ai dit ce qu'à ma place un autre aurait pensé.
Je vous chéris.

SEXTUS.

Cessez un discours qui me brave.
Lorsque de ses projets on s'ouvre à son Esclave,
Un Esclave aurait-il tant de témérité
Qu'à censurer son maître il se crut invité!
C'est votre bras & non votre avis qu'on demande.
Je ne consulte pas, Icile, je commande.
Obéir sans murmure est votre unique loi;
Et c'est à l'Univers à prononcer sur moi.

SCÈNE V.

LUCRÈCE, SEXTUS, ICILE.

SEXTUS.

LA voici!.. le respect que sa présence inspire..
O Lucrèce!.. ô vertu, quel est donc ton empire?

LUCRÈCE.

A mon aspect, Sextus, cessez de vous troubler,
Un reste de pitié m'engage à vous parler.
De vos emportemens je sçais la violence;
Mais sur vous en effet si j'ai quelque puissance,
De ce vain désespoir modérez les éclats;
Tant de fureur m'afflige & ne m'étonne pas.

SEXTUS.

Sur ce cœur malheureux, par quelle erreur extrême
Réclamez-vous des droits abjurés par vous même?
Est-ce Lucrèce, enfin, que j'entends accuser,
Un transport que peut-être elle doit excuser.

LUCRÈCE.

Sextus, si les malheurs que ce délire apprête
Ne devaient retombe que sur ma seule tête,
Ainsi que de remord, ce cœur exempt d'effroi,
Ne craindrait rien, n'ayant à craindre que pour soi.
Quelque soit le destin dont la rigueur l'opprime,
La vertu ne connaît de malheur que le crime.
Toutefois, devant vous, je veux en convenir,
Je ne puis, sans terreur, contempler l'avenir.
Je tremble, mais pour vous, des maux que vous prépare
L'amour qui vous séduit, l'erreur qui vous égare:
Erreur, à qui par vous tout est sacrifié,
Pour qui vous trahissez l'honneur & l'amitié.
Réveillez-vous, il n'a que trop duré ce songe;
Voyez l'abaissement dans lequel il vous plonge;
Voyez & rougissez! Quoi! celui dont les mains
Doivent porter le sceptre & régir les humains,

Chancelant, abattu par un léger orage,
Du dernier des mortels n'aurait pas le courage ?
Je le vois succomber sans avoir combattu !
Tout est faiblesse en qui tout doit être vertu !
Pour gouverner l'État, il monte au rang suprême,
Et timide, il ne peut se gouverner lui-même !
La passion excuse un court égarement ; *
Mais il a trop duré si c'est plus d'un moment.
Ce qui fut une erreur devient alors un crime.
S'en affranchir, Sextus, est un effort sublime.
Je l'exige, & j'attends ce généreux retour,
Du devoir, de l'honneur & même de l'amour.

SEXTUS.

N'exigez rien de moi : l'amour que l'on offense,
S'il ne devient fureur, devient indifférence.
Ce Sextus, qu'à vos loix le bonheur eut soumis,
Est le plus révolté de tous vos ennemis.
Que prétend votre cœur d'un amour qu'il outrage,
On n'a des droits sur lui qu'autant qu'on le partage.
Pour me parler ainsi, m'aimez-vous encor ?

LUCRÈCE.

Oui.

SEXTUS.

Vous m'aimez !... A ce mot mon trouble évanoui...
Vous m'aimez !... Qu'ai-je dit ? Quelle erreur est la mienne ?
Bien, trop inespéré, pour qu'enfin je l'obtienne !

LUCRÈCE.

J'ai dit la vérité, Seigneur ; j'ai dû l'oser.

Un cœur droit peut la taire & non la déguiser.
Je ne retracte pas l'aveu que j'ai dû faire.
Il n'est pas imprudent puisqu'il est nécessaire.
Je rougirais d'un crime & non d'un sentiment.
L'amour peut se glisser dans un cœur innocent;
Mais qu'il y soit vaincu bien loin que de l'abattre.
La honte est de céder & non pas de combattre.
Qui l'a voulu, toujours a triomphé de soi;
Et vous pourrez du moins le tenter d'après moi.

SEXTUS.

Ah! c'est trop peu, cruelle; & c'est trop en entendre.
Lorsque tout m'est rendu, pourquoi tout me reprendre?
Pourquoi charmer ensemble & désoler mon cœur,
Et par votre tendresse & par votre rigueur?
Soyez-moi toute entière, ou cruelle ou propice.
Quelle que fut l'horreur de mon premier supplice,
Il était moins affreux à ce cœur partagé,
Que le nouvel abîme où je suis replongé.
Avec un malheureux que vous sert-il de feindre?
Vous êtes plus coupable & j'en suis plus à plaindre;
Et loin d'être abusé par ce lâche détour,
Tout est haîne à mes yeux, quand tout n'est pas amour.

LUCRÈCE.

Un seul mot de Lucrèce aurait dû vous suffire;
Mais puisque vous doutez je n'ai plus rien à dire.
Mon seul desir, Sextus, comme mon seul devoir
Etait de vous résoudre à ne me plus revoir.
Pour obtenir de vous une faveur si grande
Amante, je priais, épouse je commande.

SEXTUS.

Du doute d'un moment, ah ! c'est trop me punir.
Puis-je me croire aimé, quand je m'entends bannir ?
N'est-il que cet effort pour prouver que votre âme
Du malheureux Sextus partage enfin la flâme ?
Dans mon bonheur affreux, ne pourrai-je, en ce jour,
Qu'à vos seules rigueurs connaître votre amour ?
J'en réclame, Lucrèce, une preuve plus sûre.
Ah ! ferez-vous pour lui moins que pour la nature ?
Et, loin qu'à votre cœur il dicte enfin la loi,
Ne serez-vous jamais forte que contre moi ?
Il est venu l'instant d'abjurer toute crainte,
D'aimer avec courage, ou de haïr sans feinte.
Expliquez-vous. Un père, en d'exécrables nœuds
A pu vous engager en dépit de vos vœux.
Le devoir les forma ; que le devoir les brise.
A les anéantir, oui, tout vous autorise,
Et vous n'ignorez pas, au défaut de la loi,
Qu'il n'est rien d'impossible à l'héritier d'un Roi ;
Et qu'amant généreux non moins qu'amant fidèle,
Je vous conduis au trône où mon destin m'appelle.

LUCRÈCE.

Vous me connaissez mal, Sextus ; & ce discours,
Où vos affreux projets ont paru sans détours,
Prouve, à l'étonnement d'un cœur qui les abhorre,
Que je vous connaissais cent fois plus mal encore.
Ces nœuds, Sextus, ces nœuds auxquels vous insultez,
Ces nœuds que je chéris & que vous détestez,
Le devoir les forma, le devoir les resserre.

Mon bonheur n'a que trop justifié mon père ;
Et, loin de l'accuser, mon cœur doit le bénir
De me sauver l'horreur de vous appartenir.

(*Elle va pour sortir.*)

SEXTUS.

C'en est trop ! arrêtez, inflexible Lucrèce.
Vous connaissez mon cœur, mes projets, ma tendresse ;
Aux autels de l'hymen qu'a souillés votre foi,
Vous savez qu'un époux vous fut offert en moi.
Sans plus tarder, au gré de l'amour qui m'enflame,
Venez y révoquer des vœux que je réclame.

LUCRÈCE.

Le délire intéressé & non pas la fureur,
Vous me fites pitié, vous me faites horreur.

SEXTUS.

Oui, de cette fureur redoutez tout.

LUCRÈCE.

Perfide !
C'est pour le crime seul que mon cœur est timide.
Je ne crains rien.

SEXTUS.

Cruelle !... eh bien, je m'y résous.
Je n'aurai pas été moins barbare que vous.
Assimilons notre ame à votre ame inhumaine,
Et puisque l'on me hait, méritons cette haine.
Usons du seul moyen qui soit en mon pouvoir,
S'il fait frémir l'amour, il plait au désespoir.

(*Il porte la main à son poignard.*)

ICILE.

Que faites-vous ?

SEXTUS.

Tremblez.

LUCRÈCE.

Ne crains pas que j'échappe.

SEXTUS.

Marchez sur mes pas.

LUCRÈCE.

Non

SEXTUS.

Rebelle!

ICILE.

Arrêtez...

LUCRÈCE.

Frappe.

SEXTUS, *aux genoux de Lucrèce.*

Cher & funeste objet de tendresse & d'effroi,
De ma propre fureur sauve toi, sauve moi.
Prens pitié de tous deux.

LUCRÈCE.

Eh quoi? pourrais-tu croire
Que la vie, à mes yeux, l'emportât sur la gloire?
Quelque soit le transport qui fasse agir ton cœur,
Arrache-moi le jour, ou laisse-moi l'honneur.

(*Elle sort.*)

SCÈNE VI.

SEXTUS, ICLE.

SEXTUS, *égaré.*

L'HONNEUR, & c'est toujours à cette absurde Idole,
A ce vain préjugé que sa froideur m'immole!
L'honneur! à ce seul mot dans mon cœur déchiré
S'est accru la fureur dont il est dévoré:
Ainsi que mon amour je sens qu'elle est extrême;
Malheur à toi, Lucrèce & malheur à moi-même!

(*Il entre dans la chambre de Lucrèce. Icile se retire en exprimant son horreur.*)

(*Fin du quatrième Acte.*)

ACTE

ACTE V & *dernier.*

(Le Théâtre représente un Vestibule.)

SCENE PREMIERE.

VALERIUS, MUTIUS, HORACE, ALBIN, *Conjurés.*
BRUTUS, *qui les écoute & les observe en silence.*

VALERIUS.

VOUS, en qui la prudence au courage est unie,
Enfans de Rome, armés contre la tyrannie,
Impétueux Horace, indompté Mutius,
Sombre Brutus, Albin, Curion, Décius,
Quel piége, au même instant, en ce palais rassemble
Des Conjurés surpris de s'y trouver ensemble?
De Rome ici mandés par un secret avis,
Doit-on nous y servir ou sommes-nous trahis?
Le tyran, d'un seul coup, veut-il finir la guerre
Qu'allait déclarer Rome aux tyrans de la terre?

ALBIN.

Je n'en sçaurais douter, nous sommes découverts;
Romains, il faut s'attendre aux plus affreux revers.
L'héritier de Tarquin, digne en tout de son père,
De nos vastes desseins pénétrant le mystère,
La menace à la bouche, égaré, furieux,
Avant le jour naissant est sorti de ces lieux.

Dans l'horrible transport qu'il appelle justice,
Il nous a reservés au plus affreux supplice.
L'horreur à ce récit vous a pénétrés tous:
Vous frémissez, Romains, j'ai frémi comme vous.
Ecraser les tyrans au péril de sa vie;
A son dernier soupir affranchir la Patrie;
Du trépas, à ce prix, qui ne serait jaloux?
Mais inutile à Rome, il est affreux pour nous.

MUTIUS.

Oubliez-vous, Albin, que Rome nous contemple?
Qu'à la postérité, nous servirons d'exemple?
Ce trépas qu'un tyran me fait envisager,
N'est qu'un forfait de plus que Rome doit venger;
Mais le feu du bûcher, avant qu'il nous consume,
Pourrait bien dévorer le bourreau qui l'allume.
Si nous sommes trahis, si la rigueur du sort
Ne nous a plus laissé que le choix de la mort;
Vous en étonnez-vous? Et votre ame abusée
Crut elle ne former qu'une entreprise aisée?
D'un honneur sans péril vous étiez-vous flatté,
Et moins sûr du succès, auriez-vous moins tenté?
Certes, de nos deux cœurs, grande est la différence!
Quand Mutius de Rome embrassa la vengeance,
Bien loin d'être ébloui de ce hardi dessein,
Il en vit les dangers, le succès incertain.
Il prévit que le monstre, à sa fureur en butte,
Pourrait, même en tombant, l'écraser sous sa chûte;
Et l'aspect du trépas, qui vous trouble aujourd'hui,
N'a rien de surprenant, ni de nouveau pour lui.

Mourons: mais ſans ſouffrir, que, du tyran complice,
Le Licteur inſolent nous entraine au ſupplice;
Qu'on nous mène à la mort où nous pouvons courir.
Mourons; mais en héros, mais ſans nous avilir:
Sans ſoumettre à la hache une tête flétrie;
Et méritons dumoins les pleurs de la Patrie.
Même au ſein des dangers renaiſſants ſous nos pas,
Ne pourrait-on trouver un utile trépas?
C'eſt envain que leur foule en ce jour me menace;
Je ſens avec leur nombre augmenter mon audace.
C'eſt quand tout eſt perdu qu'il faut tout eſpérer!
Amis, quittons ces lieux, &, ſans plus différer,
Tandis qu'à nous ſurprendre à Rome on ſe prépare,
Au milieu de ſon Camp ſurprenons un barbare.
De ce Trône uſurpé, que ſon crime inſulta,
Que ſanglant il deſcende ainſi qu'il y monta.
A ma juſte fureur il n'eſt plus de limites.
Seul, j'irai le chercher parmi ſes ſatellites;
L'immoler à leurs yeux, &, quelque ſoit mon ſort,
Un tel ſuccès n'eſt pas trop payé par la mort.
En expirant, dumoins, j'aurai délivré Rome,
Et le ſalut de tous n'aura coûté qu'un homme.

HORACE.

Oui, Romains, c'eſt ainſi qu'il vous faut conjurer
La tempête ſur nous prête à ſe déclarer.
Que, loin de l'arrêter, Tarquin lui-même avance,
Ce complot qu'il a cru diſſoudre en ſa naiſſance.
De quel indigne effroi vous paraiſſez troublés?
Loin de faire trembler, eſt-ce vous qui tremblez?

Généreux Mutius, qu'est-ce donc qui t'arrête?
Faudrait-il tant de bras contre une seule tête?
A cet honneur sans eux ne pouvons-nous courir?
Deux Romains sont bien forts quand ils veulent mourir.
Viens.

MUTIUS.

Je vois de Lucrèce & l'époux & le père.

SCÈNE II.

LES PRÉCÉDENTS, COLLATIN, *une lettre à la main*, SPURIUS.

VALÉRIUS.

APPRENS-nous, Collatin, quel important mystère,
En ton propre Palais nous a tous réunis?

BRUTUS.

Vous le saurez.

HORACE.

Quel trouble a glacé vos esprits?

ALBIN.

A quels affreux malheurs devons-nous nous attendre?

VALERIUS.

Cet écrit contient-il ce qu'il nous faut apprendre?

SPURIUS.

Non, Romains. Le motif qui nous rappelle ici,
Par cet écrit fatal ne peut être éclairci.

COLLATIN.

Dans le camp de Tarquin tout reposait encore,
Mes vœux seuls accusaient la lenteur de l'aurore;

Quand, par un jour douteux un Esclave éclairé
Dans ma tente entrouverte a soudain pénétré.
Qui t'amène à cette heure, ai-je dit, que m'annonce....
Lui, muet, consterné, me laisse pour réponse.
Cet écrit, où d'abord dans les mots mal tracés,
Je n'ai vû que les pleurs qui les ont effacés.
(*Il lit.*) *Objet d'estime & de tendresse,*
Époux, que de ce nom j'ose encore appeller,
Père, de qui je crains d'affliger la vieillesse,
Venez, ma douleur vous en presse.
Accourez, cet écrit ne peut vous réveler
Ce qui cause la honte & les pleurs de Lucrèce.
A ces mots, étonné, tremblant, anéanti,
Suivi de Spurius, je suis soudain parti.
Nous arrivons. J'apprends qu'en sa douleur profonde,
Lucrèce avec horreur fuit le jour & le monde.
Envain de mon retour je l'ai fait avertir,
De son appartement refusant de sortir,
Et dans son désespoir toute entière abymée,
A tout soulagement sa grande ame est fermée.
Quel malheur effroyable aussi bien qu'imprévu
A pu, jusqu'à ce point, accabler sa vertu?

SPURIUS.

Quelque soit le malheur dont ce jour nous menace,
Ma constance a déja prévenu ma disgrace.
Hors la faiblesse, ami, le sort doit me donner
Le sentiment auquel je dois m'abandonner.
Sois homme: à l'infortune opposons le courage;
Aux forfaits; la rigueur; la vengeance à l'outrage.

SCENE III & *dernière.*

LES PRÉCÉDENS, LUCRÈCE, *dans le plus grand désordre.*

COLLATIN.

Est-ce vous, chère épouse?

LUCRÈCE.

Arrête! Eloigne-toi!
Des transports aussi purs ne sont plus faits pour moi.
Ne vois plus, dans l'objet de cet amour extrême,
Qu'un objet d'infamie en horreur à lui-même.

COLLATIN.

Que dites-vous?

SPURIUS.

Des pleurs s'échappent de tes yeux.

LUCRÈCE.

Quels sont ces étrangers assemblés en ces lieux?

SPURIUS.

Des Romains, des amis, que ta douleur afflige.

LUCRÈCE.

Ne vous séparez pas; demeurez, je l'exige.
L'aspect d'aucun Romain ne peut m'être importun.
Le malheur a rendu notre intérêt commun.
Votre tyran n'a point un fils qui dégénère;
Et Sextus, en un mot, est digne de son père.

COLLATIN.

Sextus!

LUCRÈCE.

En votre absence, il vint dans ce palais.

COLLATIN.

Qui l'y put amener?

LUCRÈCE.

Le plus noir des forfaits.

SPURIUS.

Je frémis.

COLLATIN.

Poursuivez.

LUCRÈCE.

Sextus, ô honte! ô crime!
Ce désordre, ces pleurs, ce trouble qui m'opprime....

SPURIUS.

Quels discours!

COLLATIN.

De terreur tous mes sens sont glacés!
Achevez.

LUCRÈCE.

Je ne puis.

COLLATIN.

Je le veux.

LUCRÈCE.

Frémissez,
Trop malheureux époux, trop infortuné père!
Un ravisseur perfide, un infâme adultère;
Sextus, dans les transports de sa lâche fureur,...
Sextus.... Ma main n'a pu retracer cette horreur....
Si j'en ai dit assez pour armer votre rage,
Epargnez-moi l'affront d'en dire davantage.
Ce cœur d'autant plus fier qu'il est humilié,

Ne vient pas mendier une vaine pitié :
Il est un autre espoir auquel j'ose prétendre;
Un bien que je réclame & que j'ai droit d'attendre;
La vengeance, en un mot, qui me la promet?

BRUTUS.

Moi?

LUCRÈCE.

Toi, Brutus?

BRUTUS.

Moi, Lucrèce?

LUCRÈCE.

Oui, je l'attends de toi.
Ce seul mot, pour Lucrèce est un trait de lumière:
Il m'a dévéloppé ton âme toute entière.
Malgré le faux déhors qu'elle avait révêtu,
En ton délire, ami, j'admirais ta vertu.
Mon cœur en croit ton cœur. Tu tiendras promesse.
Je meurs contente, adieu, venge Rome & Lucrèce.

(*Elle se frappe. Spurius & Collatin, sont abimés dans la douleur.*)

VALÉRIUS.

Elle expire.

ALBIN.

O douleur!

MUTIUS.

O crime!

HORACE.

O jour d'effroi!

(*Grand silence.*)

BRUTUS.

Tout tremble, tout frémit, tout pleure autour de moi:
Est-ce là le tribut que ces mânes attendent?
Ce ne sont pas des pleurs, c'est du sang qu'ils demandent.
Ils l'obtiendront. O vous, mânes que je chéris,
D'attraits & de vertus froids & sacrés débris!
O toi, qui m'implorais à ton heure suprême,
Lucrèce, entends ma voix. J'en jure par toi-même;
J'en jure, par ce fer de tes flancs retiré,
Ce fer, qu'un sang pudique a teint & consacré;
Que Tarquin, que Tullie & leur infame race,
Expieront aujourd'hui ce crime & leur audace,
Et qu'au rang d'où ce bras va les précipiter,
Nul mortel désormais n'osera remonter.

LES CONJURÉS.

Nous le jurons.

BRUTUS.

Romains, oui, j'en ai l'assurance,
Ce jour qui voit le crime en verra la vengeance.
Cette mort a donné le signal attendu
Dans Rome & dans le camp par mes fils entendu.
De notre Liberté le monument s'élève,
Et dans un même instant se commence & s'achève.
Croyez-en ce Brutus qui d'un voile imposteur
De vos hardis projets enveloppant l'auteur,
Dans l'ombre & le silence en ourdissait la trame.
Vous n'êtes que le bras du corps dont il est l'ame.
Fatigué de servir & de dissimuler,
C'est lui qui dans ces lieux vous a fait rassembler;

Qui, pour déterminer plus d'une âme indécise,
Loin de désavouer son illustre entreprise,
De l'infâme Sextus confirmant les soupçons,
Remit entre ses mains son secret & nos noms.
J'ai voulu, quand sur vous j'appellais les orages
Par la nécessité ranimer vos courages;
Et de votre péril appuyant mes projets,
Rendre un beau désespoir garant de nos succès.
Les Tarquins ont fait plus: leur exécrable rage,
Romains, de ma prudence a consommé l'ouvrage.
Regardez cet objet de douleur & d'effroi....
Et vous, restes muets, plus éloquents que moi,
Parlez aux citoyens, persuadez l'armée;
Offerts à tous les yeux dans la Ville allarmée,
Créez-vous des vengeurs: que le père, l'époux,
Vous contemple, frémisse & se rallie à nous.
La nature & les loix sont du parti de Rome.
Pour embrasser sa cause il suffira d'être homme.

(Les Conjurés enlèvent le corps de Lucrèce & sortent pour le montrer au Peuple.)

FIN.

Commencée d'imprimer le 5 Août 1792, & achevée le 7 de Septembre.

FAUTE A CORRIGER.

ACTE III, Page 41, Vers 11.

SEXTUS.

Au lieu de approche, *lisez*; viens donc.

www.ingramcontent.com/pod-product-compliance
Lightning Source LLC
LaVergne TN
LVHW010621110826
845149LV00003B/1006